Ein Wort zur rechten Zeit

über die

Benutzung öffentlicher Wege

für

elektrische Anlagen.

Berlin 1891.

J. J. Heine's Verlag.

Der deutsche Reichstag beräth ein Telegraphen- und Fernsprechmonopol. Wie leider so oft bei Neuerungen, wird die Wichtigkeit der Festlegung der postalischen Ansprüche und deren Einwirkung auf Andere, namentlich die Gemeinden und die elektrischen Privatunternehmungen unterschätzt. Der Gesetzentwurf wird für sich, als etwas in sich Abgeschlossenes, betrachtet, jeder Ausblick auf die Folgen für Dritte wird abgelehnt, als ob es sich um eine häusliche Angelegenheit der Post handle.

Da ist es interessant und lohnend, den Blick auf das Mutterland der elektrischen Industrie, Amerika, zu lenken. Ein Vortrag, den ein bekannter amerikanischer Anwalt, John S. Wise, am 20. Januar 1891 vor Berufsgenossen hielt, gewährt in der dem praktischen Amerikaner eigenen knappen, humorvollen und dabei doch sachlichen und leicht verständlichen Ausdrucksweise ein sprechendes Bild der Rechtsentwickelung der elektrischen Betriebe und ihrer vielfachen Kämpfe untereinander, mit den Strasseneigenthümern und mit den Städten. Es wird für den Laien kaum eine fasslichere und dabei anziehendere Beschreibung der elektrischen Betriebe bisher erschienen sein, als die hier von einem Laien gegebene, und namentlich seine Darstellung der Nörgeleien und Prätensionen des Telephons, dieses von Jugend auf verzogenen Kindes, verdient die Bezeichnung klassisch.

Im Folgenden wird der wesentliche Theil des Vortrages in möglichster Anlehnung an den Wortlaut wiedergegeben.

Redner beginnt mit der Schilderung des alten amerikanischen Anwalts, dessen Bücherei in der Satteltasche Platz hatte, der die Sprechstunde zu Pferde abhielt. Er zeigt den Gegensatz zu dem modernen Specialitätenanwalt. Er weist darauf hin, wie man das Recht, das unbeugsame, für die Zwecke der Tagesfragen dehnen, zerren, drehen könne, wie dieses stets der Entwickelung von Industrie, Handel und Wandel nachhinkt und Ungeheuerlichkeiten von Urtheilssprüchen zeitigt, wie aber der Formelkram, der Stolz des alten Praktikers, modert und vergessen wird über den modernen Bestrebungen, Rechts- und Verkehrsleben in Einklang zu bringen.

So gelangt er zu seinem Gegenstande, den Streitigkeiten über die Benutzung der Landstrasse für elektrische Zwecke. Wir lassen ihm nun selbst das Wort und gleich die ersten Zeilen geben ein Bild von der orginellen und treffenden Sprechweise. Wise sagt:

Nichts illustrirt besser den veränderlichen Charakter des Rechts in seiner Anwendbarkeit auf die Fortschritte der Civilisation, als das Studium amerikanischer Entscheidungen betreffend die Benutzung öffentlicher Strassen. Gehen wir zurück auf hundertjährige Urtheilssprüche in irgend einem unserer Staaten, so sehen wir die Gerichte stets darin übereinstimmen, dass, ob dies nun eine Strasse in Städten oder ein Landweg in der Grafschaft ist, der erste und hauptsächliche Zweck der öffentlichen Strassen in der Benutzung derselben zum Reisen besteht, für Jedermann, zu Fuss, zu Pferde, mit Räderfuhrwerk. Diese Ausführungen konnten damals sehr glatt und einfach erscheinen. Die grossen Rohrsysteme für Kanalisation, für Gas und Wasser, für Heizung und für andere Zwecke, alles Erzeugnisse unseres letzten Jahrhunderts, ohne die wir nunmehr in unserem dicht bevölkerten Gemeinwesen nicht nur unbequem, sondern auch ungesund leben würden, sie waren nicht allein überflüssig, sondern auch unbekannt. Aber die Zeit brachte sie, und als sie nun da waren mit ihrer Behaglichkeit und ihren Wohlthaten, so brachte die Zeit auch dem Richter gute Gründe an die Hand, die alten Sentenzen, welche die absolute und ausschliessliche Bestimmung der öffentlichen Strassen für den öffentlichen Reiseverkehr ausgesprochen hatten, der Jetztzeit entsprechend auszulegen und anzupassen.

Da kam die Aera der Dampfstrassenbahn. Der Fussgänger, der Reiter, der Reisende auf Räderfuhrwerken, gezogen von Pferden, alle diese alten Arten von Landreisen wurden umgestürzt: Das Eisenpferd wurde zum König gekrönt. Die Postkutsche, die Kalesche, das Cab, einst der Stolz und Ruhm der Reisenden, verschwanden entweder völlig, oder dienten doch nur noch untergeordneten Zwecken. Mit dieser Einführung der Eisenbahn kam dann aber auch bald ihr Anspruch auf Besitznahme der öffentlichen Strassen. Der Umstand, dass die Landstrassen natürlich die besten Wege sind, dass sie mehr oder weniger planirt waren und festgestampft durch die Reisenden, machte ihren Besitz zum Gegenstand heissen Begehrens für Alle, die den Bau von Dampfbahnen beabsichtigten. Der Kampf um ihren Besitz Seitens der Bahnen begann alsbald und wurde Jahre lang fortgesetzt. Es wurde ausgeführt, dass Eisenbahnen in hervorragendem Maasse für Reise und Transportverkehr bestimmt seien; dass die bei ihnen zur Anwendung kommende Methode unendlich jeder anderen bisher bekannten überlegen sei, dass somit die Besitznahme der Kunststrassen für diesen Zweck ihr unzweifelhaftes Recht sei. Aber die Gegengründe waren durchschlagender: Den Bahnen eine solche Besitzergreifung, wie sie sie wünschten, zu gewähren, sei gleichbedeutend mit der ausschliesslichen Ueberlassung der Landstrasse; denn es würde nicht möglich sein, ohne erhebliche Gefahr für Leib und Leben von Fussgängern oder Reitern und ebenso für Fuhrwerke, die gleiche Strasse mit einer Eisenbahn zu benutzen. Die Entscheidungen wurden denn auch vom gesunden Menschenverstand diktirt. Die Dampfbahn wurde von der öffentlichen

Strasse ausgeschlossen und gezwungen, sich ihren eigenen Weg zu erbauen und zu benutzen und die Landstrassen dem bisher üblichen Gebrauch der Reisenden zu überlassen.

Andererseits aber finden wir doch in den Urtheilen über diese Processe, die ja die künftige Entwicklung nicht voraussehen konnten, Rechtsausführungen wiedergegeben, welche nicht lange unangefochten stehen bleiben konnten. Damals, als die Dampfbahn ihre Schienen, Brücken und Kreuzungen auf die öffentlichen Landstrassen legen wollte, wiesen Richter auf Richter ihre Wünsche zurück und führten aus, dass die Landstrasse den Reisenden zu Fuss und zu Pferde und mit solchen Fuhrwerken gewidmet sei, welche nicht an die Benutzung von Geleisen gebunden sind.

Aber nur kurze Zeit später kam der Pferdebahnwagen in Gebrauch; dies war eine neue Art öffentlicher Beförderung und beliebt in allen Klassen des Volks. Er war ein Räderfuhrwerk, in dieser Beziehung also unangreifbar; er wurde auch gezogen von Pferden; er diente auch ausgesprochenermassen dem Zweck der Reise, wie dies die alten Urtheile als Voraussetzung für Benutzung der Landstrassen bezeichnet hatten. Aber ausserdem waren diese Wagen an die Benutzung fester Geleise gebunden, und darum rief man die alten Urtheile an und wollte das Eindringen der Pferdebahn auf die Landstrasse verhindern. Aber die Rechtsauffassung damaliger Zeit, elastisch, wie noch jetzt, stets den erdrückenden Wünschen der öffentlichen Meinung nachgebend, stets bereit, Schwierigkeiten, welche sich aus dem Wortlaut alter Entscheidungen ergeben, wegzudisputiren, sobald die Nothwendigkeit dazu vorliegt, brauchte nur wenig Zeit, um die unterscheidenden Merkmale zu finden, auf Grund deren auf öffentlichen Wegen Dampfbahnen ausgeschlossen und Pferdebahnen zugelassen werden mussten. Man führte aus, dass die Fassung früherer Entscheidungen, welche sich doch nur auf Dampfbahnen bezog, und jeden Verkehr auf festem Geleise verbieten wollten, zu weit ging, indem man nur die schweren Dampfbahnen treffen wollte, welche eine Landstrasse schlecht oder völlig unpassirbar für Räderfuhrwerk gemacht hätten; nicht aber auf jene unschädlichen Schienenwege, welche mit der Oberfläche der Landstrasse in einer Ebene liegen und von dem bescheidenen Pferdebahnwagen benutzt werden.

So sehen wir die neuen Eindringlinge, einen nach dem andern, ihren Platz einnehmen auf der öffentlichen Strasse, auf dem sonst exclusiven Grund und Boden, und in ihren Rechten und Beziehungen zu den alten Besitzhabern unterstützt von den Gerichten. Wir kommen nun zu der mich am Meisten interessirenden Periode, der Zeit nämlich, in welcher die Erfindungen auf elektrischem Gebiete Anwendung fanden zur Uebertragung von Nachrichten und zu Reisezwecken, und auch für sich das Recht begehrten, die öffentlichen Strassen in Anspruch zu nehmen.

Etwa im Jahre 1838 beschenkten Steinheil und Morse die civilisirte Welt mit der unschätzbaren Gabe des Telegraphen. — Der grosse Nutzen der Erfindung wurde sofort allgemein anerkannt und die, welche sie praktisch ausführen wollten, fanden nur geringe Schwierigkeit dabei, sich ein gewisses Gebrauchsrecht die Landstrassen entlang für die Telegraphendrähte und Stangen zu sichern. Dort, wo das Verfügungsrecht über die Strassen der Oeffentlichkeit zustand, hatten die Telegraphen-Gesellschaften immer das Benutzungsrecht erlangt, für die Anbringung der Stangen derart, dass sie mit dem öffentlichen Verkehr nicht in Conflict kamen, und ohne die Verpflichtung irgend einer Gegenleistung. Wo das Verfügungsrecht den Adjacenten verblieben und nur die Benutzung der Landstrasse für öffentliche Verkehrszwecke bewilligt war, da haben allerdings die Gerichtshöfe verschiedener Unions-Staaten verschiedenartig darüber geurtheilt, ob Telegraphen-Gesellschaften befugt sind, diese Landstrassen für ihre Zwecke ohne entsprechende Gegenleistung an die Adjacenten zu benutzen.

Die Entscheidungen von Massachusetts und Virginia laufen in dieser Frage gradezu entgegengesetzt. In Massachusetts kam man durch, wie mir scheint, sehr merkwürdige und sonderbare Schlussfolgerungen zu dem Ergebniss, dass die Telegraphengesellschaften den anliegenden Grundeigenthümern nicht verpflichtet sind. Es wurde ausgeführt, dass die Landstrassen öffentlichem Gebrauch für Reisezwecke bestimmt sind, und dass solche Bestimmung begrenzt und bezeichnet werde durch die Erfordernisse des reisenden Publikums. Der oberste Gerichtshof von Massachusetts ging dann noch dazu über, das Recht des Telegraphen, die Landstrassen zu benutzen, daraus herzuleiten, dass die Uebermittelung von Nachrichten einer der wichtigsten Verkehrszwecke auf Landstrassen sei, und bis zu jener Zeit durch Fussgänger, Reiter oder zu Wagen erfüllt worden sei. Sei nun die Uebertragung von Nachrichten einer der wichtigsten Verkehrszwecke auf der Landstrasse und der Telegraph anzusehen als eine verbesserte Methode für diese Uebermittelung, so nehme er mit vollem Recht für seine Drähte und Stangen Besitz von der Landstrasse, und die Anwesenheit dieser dort sei keine neue hinzukommende Last mit Rücksicht auf den eigentlichen Zweck dieser Landstrasse.

Die Entscheidung von Virginia hingegen erscheint mir mehr juristisch und weniger sophistisch. Sie kommt zu dem Ergebniss, dass der ursprüngliche Zweck der Landstrasse öffentlicher Verkehr war; dass, wofern ihre Benutzung auf diesen Zweck beschränkt war, und nur insoweit die Rechte der Adjacenten Beschränkung erfahren sollen, jede abweichende Benutzung eine neu hinzukommende Belastung ist, für welche derjenige, welcher sie ausüben will, dem Eigenthümer eine Gegenleistung zu bewilligen schuldig ist und zwar, bevor er zur Besitznahme berechtigt ist. Die Ausführung verwirft die Gründe des Urtheils von Massachusetts, welche eine telegraphische Botschaft mittels Draht zu einem Reisenden auf der Landstrasse stempeln will.

So steht es mit dem Telegraphen auf der Landstrasse. Uebrigens ist aber der Telegraph, wie auch die Entscheidung in Bezug auf die Abjacenten lauten mag, in allen Unions-Staaten gezwungen, Stangen und Drähte so anzuordnen, dass sie mit dem Verkehr auf den Strassen nicht in Conflict gerathen, und sie überall dort zu entfernen, wo sie mit dem ersten und hauptsächlichen Zweck der Landstrasse, welchem dieselben vor Allem gewidmet sind, nämlich dem Reiseverkehr, in Conflict gerathen können.

Der nächste Antragsteller um einen Platz auf der Landstrasse, war das Telephon.

Nachdem etwa im Jahre 1878 das Telephon ein praktischer und nützlicher Geschäftsgehilfe geworden, ist es in der Gunst des Publikums immer mehr gestiegen; die Vermittelungsstellen und Theilnehmer haben sich in allen Theilen des Landes vermehrt, und es ist ein Theil unseres Geschäftslebens geworden, mehr wie irgend ein anderes von uns gebrauchtes Werkzeug. Für das Telephon ist es eine Lebensbedingung und Nothwendigkeit, dass seine Stangen und Drähte die öffentlichen Wege benutzen. Die Stellen, welche es zu erreichen sucht, und welche mit einander in Verbindung zu treten wünschen, liegen fast stets an öffentlichen Strassen, und schon für die Beaufsichtigung und Reparatur ist nothwendig, dass die Drähte auf solchen erreichbaren Stellen ausgespannt sind. Es benachtheiligt den öffentlichen Verkehr nicht mehr, wie die Telegraphendrähte, obgleich die grosse Anzahl seiner Drähte einen unschönen Anblick gewährt. In früheren Processen, welche sich auf seine Zulässigkeit auf öffentlichen Strassen bezogen, klassificirten die Gerichte das Telephon alsbald in dieselbe Kategorie, wie die Telegraphen und sprachen ihm die gleichen Rechte für die Benutzung der Strassen zu, deren sich der Telegraph erfreut. Mit dem Strassenverkehr hatte im übrigen bei der ersten Einführung das Telephon wenig Veranlassung zu Reibungen, obgleich es als sehr verzogenes Kind in die Welt kam, zart, empfindlich und reizbar von Jugend auf war und von allen Nachbarn sich gestört fühlte.

Der vom Telephon gebrauchte elektrische Strom, welches auch immer dessen Construction sei, ist bei allen bekannten Constructionen nur sehr klein. Derselbe dient in der Hauptsache dazu, das Telephon für die menschliche Sprache empfindlich zu machen und bewirkt, dass, wenn an einem Ende in das Telephon hineingesprochen wird, am anderen Ende entsprechende Schwingungen hervorgerufen werden. Der vom Telephon gebrauchte Strom wird von einer Batterie hervorgerufen; er ist dauernd, unveränderlich und bewirkt kein Tönen des Drahtes. Der zum Telegraphiren benutzte Strom ist gleichfalls ein schwacher Batteriestrom, wenngleich auch zuweilen Dynamostrom verwendet wird. Der Telegraph benutzt im Gegensatz zum Telephon seinen Strom direct zur Uebertragung der Nachrichten. Die Morsezeichen, durch welche er sich verständlich macht, werden durch Schliessen und Oeffnen des Stromkreises von den Drähten übertragen.

Wenngleich nun der Strom des Telegraphen so schwach ist, so nimmt doch das empfindlichere Telephon, sobald es nahe an dem Telegraphen mit der Erde verbunden ist, Töne vom Telegraphen auf und wird durch denselben gestört. In verschiedenen Fällen, die ich untersucht habe, hat es sich gezeigt, dass, wenn Telephon- und Telegraphenlinien beide mit Erdleitungen construirt waren und für eine längere Strecke einander parallel liefen, dass dann, selbst bei einer Entfernung von 30 Fuss, das Telephon mit Erdleitung so empfindlich war, dass die Morsezeichen, welche durch die Drähte der Telegraphenlinien gesandt wurden, von einem erfahrenen Telegraphisten abgehört werden konnten, und zwar einfach dadurch, dass er das Hörtelephon an sein Ohr hielt. Dies war hauptsächlich eine Folge der Induction, die ich später behandeln und auseinandersetzen werde. Durch den Conflict zwischen Telegraph und Telephon entstanden wenig Processe; der Telegraph wurde nicht gestört, und solange das Telephon nur vom Telegraphen gestört wurde, schützte es seine Drähte gegen Beeinflussung seitens des Telegraphen einfach durch Weiterlegen, erstens weil der Telegraph älter war und schon die Strassen benutzte, zweitens, wie ich vermuthe, meist deswegen, weil beide Einrichtungen zumeist dieselben Eigenthümer hatten. So standen die Sachen, bis 1880 elektrische Beleuchtung eingeführt wurde, und seitdem haben wir den dritten und vierten derartigen Benutzer der öffentlichen Strassen; denn elektrische Beleuchtung besteht aus zwei Arten, nämlich Bogenlichtbeleuchtung und Glühlichtbeleuchtung. Beide benutzen die Dynamomaschine, welche nun auf den öffentlichen Wegen zum ersten Mal als Elektricitätsquelle erscheint. Hier böte sich die Gelegenheit zu lebendiger Schilderung dieser wundervollen Entdeckung, die schnell aufgegriffen wurde und bald ungeheuer beliebt und nutzbringend geworden ist. Vor 10 Jahren existirte nirgends elektrische Beleuchtung, heute wird eine Strasse, ein Park, Hotel oder Versammlungsort einer grossen Stadt als hinter der Zeit zurück und als ungeeignet für die Erholung betrachtet, wenn nicht entweder Bogen- oder Glühlicht vorhanden ist. Die Benutzung der öffentlichen Strassen ist für die Beleuchtungsindustrie ebenso unentbehrlich wie für das Telephon oder den Telegraphen und aus denselben Gründen. Die von diesen Industrien verkaufte Elektricität ist indessen völlig anders erzeugt, als die für den Telegraphen und das Telephon benutzte, und wenn auch Bogen- und Glühlicht Dynamomaschinen benutzen, so ist doch die Art und Weise der Ausnützung des elektrischen Stromes hierbei verschieden.

Erläutern wir das Vorstehende. Ich werde später die Worte Ampère und Volt gebrauchen; diese werden Ihnen vorerst unverständlich sein, können aber leicht erklärt werden. Einmal verstanden, sind die Ausdrücke ebenso klar, wie das Wort Gallone oder das Wort hydraulischer Druck. Das Wort Ampère bezeichnet Elektricitätsmenge, das Wort Volt dagegen den elektrischen Druck, durch den ein Elektricitätsstrom herausgesandt wird. Die nachfolgende Frage stellte ich Thomas A. Edison, und seine darauf folgende Antwort wird Ihnen zweifellos die Erklärung seiner Ausdrücke im Gedächtniss zurückhalten. Meine Frage war: Was ist mit der Zahl von Volts an einem elektrischen Strom gemeint? Seine Antwort war: „Zum Vergleich muss ich die Wirkung eines Wasserfalles herbeiziehen. Nehmen wir an, wir hätten einen Wasserstrom und eine Turbine. Wenn ich eine Turbine habe und gestatte, dass in der Sekunde 1000 Gallonen Wasser aus einer Höhe von 1 Fuss in die Turbine fallen, so leistet dieselbe eine gewisse Kraft, sagen wir eine Pferdekraft. Die Höhe von 1 Fuss soll dann den Druck von 1 Volt in der Elektricität vorstellen und die 1000 Gallonen stellen die Ampère oder die Elektricitätsmenge dar. Wir nennen sie ein Ampère. Die 1000 Gallonen Wasser oder 1 Ampère, die einen Fuss herabfallen oder unter dem Druck eines Volts arbeiten, und das Wasser, welches in der Turbine arbeitet, erzeugen beide eine Pferdekraft. Wenn wir nun 1000 Fuss hochsteigen, nehmen eine Gallone Wasser und lassen diese auf das Turbinenrad fallen, dann erhalten wir dieselbe Kraft wie zuvor, nämlich eine Pferdekraft. Wir haben dann 1000 mal weniger Strom bezw. Wasser und haben nur $^1/_{1000}$ Ampère an Stelle von 1 Ampère; ferner haben wir 1000 Volt an Stelle von 1 Volt und eine Fallhöhe des Wassers von 1000 Fuss anstatt von einem Fuss. Der Druck des Wassers oder die Höhe, von der es herabfällt, ist dann die Spannung in Volts bei der Elektricität und die Wassermenge stellt die Elektricitätsmenge in Ampère dar. Sie werden verstehen, dass 1000 Gallonen, die in der Sekunde auf einen Menschen aus der Höhe von 1 Fuss herabfallen, demselben keinen Schaden verursachen, wenn wir dagegen die eine Gallone aus 1000 Fuss Höhe auf ihn herabfallen lassen, so wird sie ihn zerschmettern; so ist es also nicht die Menge des Wassers, die den Schaden verursacht, sondern die Geschwindigkeit oder der Druck. Ferner noch ein Wort zur Erklärung: Elektricität können wir nach ihrer Entstehung in drei Klassen eintheilen:

1. Natürliche Elektricität, nämlich Blitz und andere elektrische Naturerscheinungen.
2. Batterie- oder Statische Elektricität, welche durch die Auflösung von Chemikalien in Zellen oder Batterien erzeugt wird.
3. Dynamische Elektricität, welche von einer Dynamomaschine (Kraftmaschine) erzeugt wird.

Ueber die erste brauche ich nicht zu sprechen.

Was die zweite betrifft, so sind die in Batterien erzeugten Ströme in der Regel nicht stark, wenngleich man durch die Combination einer Zahl von Zellen auch einen ziemlich starken Strom erzielen kann. Eine Eigenthümlichkeit dieser Ströme ist ihre absolute Continuität und Stetigkeit; sie variiren nur ganz unmerklich dadurch, dass sie mit der Zeit um so schwächer werden, je mehr die Chemikalien erschöpft sind.

Die dritte Sorte, die Dynamoströme, sind ungemein stark; sie sind stetige, schwankende oder wechselnde Ströme, wie ich nachher schildern werde. Meine Zuhörer werden erstaunt sein, die einfache Construction der Dynamomaschine zu vernehmen, die solche tödtliche und zugleich segenbringende Kraft erzeugt. Um einen Eisenkern (Stab) wird ein langer Draht gewickelt; seine Enden führen zu einem Cylinder, der auf dem Ende der Achse sitzt und Commutator genannt wird. Diese ganze Drahtspule befindet sich im Wirkungskreise eines kräftigen Magneten (Magnetfeld). Er ist mit einer Dampfmaschine verbunden und wird durch dieselbe sehr rasch innerhalb des magnetischen Feldes gedreht. Diese Bewegung erzeugt Elektricität. Die erzeugte Elektricitätsmenge hängt ab einerseits von den Dimensionen der angewandten Dynamomaschine, andererseits von der Geschwindigkeit der Umdrehung.

Der natürliche Weg der so erzeugten Elektricität führt von einem Ende (Pol) des Drahtknäuels zum anderen. Durch die Einfügung guter Leiter kann man den Strom auf grosse Entfernungen fortleiten und für Lichterzeugung und Kraftabgabe benutzen. Mit Hilfe von Vorrichtungen, die als Bürsten und Kupferdrähte bekannt sind, kann man den Strom von dem Erzeugungsort zu den Verwendungsstellen fortführen. Um aber die Elektricität überhaupt auszunutzen, muss man einen sogenannten geschlossenen Stromkreis herstellen, d. h. wie weit man auch immer den Strom von dem einen (positiven) Pole des Stromerzeugers führen mag, man muss ihn doch zu dem anderen (negativen) Pole zurückleiten.

Erst wenn dies geschieht, entsteht „Strom“ und nur, wenn ein geschlossener Kreis hergestellt ist, zeigt sich Elektricität und ist für den Gebrauch vorhanden.

Ungefähr 1838 entdeckten gleichzeitig Steinheil und Morse, dass die Erde die Rückleitung für alle erzeugte Elektricität darbietet; wenn man nämlich den positiven Strom durch einen Draht weit von dem Stromerzeuger fortleitet und dann den negativen Pol der Stromquelle mit der Erde verbindet, so kann man den Stromkreis dadurch herstellen, dass man den, wenn auch weit fortgeführten, positiven Draht mit der Erde verbindet. Die Oberfläche der Erde ist angefüllt mit elektrisch leitenden Stoffen. Die Leitungsfähigkeit ist so gross, dass Elektriker oft von unbegrenzter Leitungsfähigkeit der Erde sprechen, Die zuerst erfundenen Telegraphen benutzten sowohl für die Hin- als Rückleitung Draht. Wenn man Strom auf seinem ganzen Wege nur durch Drähte fortführt, so nennt man dies einen vollständigen metallischen Stromkreis, wenn der Draht dagegen nur für den ausgehenden Strom benutzt wird und der Kreis durch Benutzung der Erde geschlossen wird, so erhält man eine sogenannte Erdleitung. Ich werde noch Gelegenheit haben, auf die Erdleitung und die metallische Leitung zurückzukommen.

Sowohl für Bogen- als auch für Glühlicht benutzt man geschlossene metallische Kreisleitungen aus verschiedenen Gründen. Ich werde zunächst die allgemeinen Gesichtspunkte für Bogenbeleuchtung darlegen. Zunächst ist eine Dampfmaschine zum Treiben der Dynamomaschine erforderlich und Kraftmaschinen von ausreichender Leistungsfähigkeit. Von dort wird der Strom in Drähten fortgeführt, die an Stangen, jedoch von diesen gut isolirt, befestigt sind. Licht wird, wo es gewünscht wird, durch eine Unterbrechungsstelle in den Drähten erzeugt. Die beiden Drahtenden werden dann in nahe Berührung gebracht und der Strom springt hinüber. Man nennt dies den elektrischen Lichtbogen. Wo ein solcher Lichtbogen sich bildet, ruft er sehr starke Erwärmung hervor. Dies ausnützend bringt man auf den Drahtenden der Unterbrechungsstellen einen Stoff an, der die Eigenschaft besitzt, in grosser Hitze weissglühend zu werden. Dann geht der Draht weiter bis zur nächsten Lampe, wo wieder eine Unterbrechung stattfindet und solche Glühspitzen angebracht sind. So geht es durch den ganzen Kreis weiter, bis schliesslich der Draht zum negativen Pole des Stromerzeugers zurückkommt. Kommt die Dynamomaschine in Gang, so wird an jeder Unterbrechungsstelle Licht hervorgerufen dadurch, dass die Hitze des elektrischen Lichtbogens ein Glühen an den für diesen Zweck angebrachten Spitzen verursacht. Ich will Sie nicht mit den Details der Einrichtungen für das Reguliren und für das Ausschalten dieser Lampen aus dem Kreise langweilen. Ein kräftiger Strom ist zur Hervorbringung der Bogenlichter erforderlich. Derselbe wird durch grosse Dynamomaschinen, welche grosse Elektricitätsmengen liefern, erzeugt und unter einem ungeheuren Druck von 2000 bis 2500 Volt herausgetrieben, da jedes Licht ungefähr 50 Volt erfordert. Diese Voltspannung der Elektricität ist tödlich. Wenn Jemand einen elektrischen Schlag von dieser Spannung erhält, so ist er auf der Stelle eine Leiche. Aus diesem Grunde wird grosse Sorgfalt auf die Construction der Bogenlichtleitungen verwendet, und man benutzt nicht nur geschlossene metallische Kreisleitungen, sondern umgiebt die Drähte durchgängig mit Isolirung, um zufällige Berührungen und Austreten der Elektricität zu verhindern. Der für die Bogenlichtbeleuchtung benutzte Strom ist ein sogenannter Gleichstrom,. d. h. er fliesst stets in derselben Richtung und ändert seine Stärke so wenig wie möglich. Aber vom statischen oder Batteriestrom unterscheidet er sich darin, dass wenn er auch im Allgemeinen eine stetige Intensität oder ein, wie man es auch nennt, stetiges Potential besitzt, doch bisher noch keine Dynamomaschine erfunden ist, welche einen absolut stetigen Strom abgiebt. Der Grund liegt in unregelmässiger Umdrehungsgeschwindigkeit des Stromerzeugers oder im ungleichen für seine Construction benutzten Material oder in anderen Ursachen. Es liefert daher selbst die vollkommenste Dynamomaschine doch einen schwankenden Strom, der von Augenblick zu Augenblick seine Stärke ändert. Dieser Wechsel in der Stromstärke verursacht in den Drähten, die er durchläuft, ein summendes oder schnurrendes oder knackendes Geräusch, welches man bei dem Batteriestrom nicht hört.

Theoretisch sollen die Bogenlichtdrähte völlig von der Erde isolirt sein. Das natürliche Bestreben aller Ströme ist aber, auf die Erde überzugehen und sich in ihre unbegrenzte Leitungsfähigkeit zu vertheilen, gerade wie der Blitz, wenn er die Erde erreicht, sich darin vertheilt und unschädlich wird. Wenn ein Strom von einer Bogenlichtleitung in die Erde übergeht, so ist er für die Benutzung im Stromkreis verloren. Deshalb wird grosse Sorgfalt darauf verwendet, die Drähte an ihren Unterstützungsstellen an den Pfählen zu isoliren. Trotz der grössten Aufmerksamkeit und Vorsicht kann man bisher eine vollkommene Isolation nicht erzielen, und trotz aller bis jetzt bekannten Isolationen entweicht mehr oder weniger der Strom, der seinen Weg über die Pfähle hinweg zur Erde nimmt. Auch durch zufällige Berührung mit anderen Leitern entsteht Stromverlust. Dies nennt man Erdschluss. Derselbe hat zu vielen Processen Anlass gegeben.

Eine andere elektrische Erscheinung, welche eine sehr hervorragende Rolle in allen Processen, die zwischen elektrischen Unternehmungen entstanden sind, gespielt hat, ist die sogenannte Induction. Es ist in der Elektricität eine wohlbekannte Erscheinung, dass, wenn ein von Starkstrom durchflossener Leiter auf längere Entfernung parallel zu einem Draht läuft, der durch keinen oder einen weit schwächeren Strom durchflossen ist, dass dann die Starkstromleitung in der schwächeren Leitung einen (sekundären) Strom hervorruft, der die umgekehrte Richtung besitzt, aber ganz genau so wie der Starkstrom vibrirt, schwankt und knackt und in jeder Beziehung das Verhalten des Starkstromes wiedergiebt. Die Entfernung, auf welche sich diese Erscheinung bemerkbar macht, ändert sich beträchtlich je nach der Stärke des Erregerstromes, der Stärke der Leitungen, nach atmosphärischen und sonstigen Verhältnissen. Die Kenntniss dieser Inductionserscheinungen bildet die Grundlage für verschiedene Systeme der Glühlichtbeleuchtung. Glühlichtbeleuchtung, wie sie nach verschiedenen Systemen ausgeführt wird, unterscheidet sich wesentlich von Bogenlichtbeleuchtung. Bei manchen Systemen werden die vom Stromerzeuger kommenden Drähte nur bis zur Aussenseite der zu erleuchtenden Gebäude geführt und werden zu einem Knäuel gewickelt, welches dicht neben einem anderen Drahtknäuel liegt, ohne letzteres zu berühren. Von dieser zweiten Spule gehen dann die Drähte ab, welche im Gebäude die Beleuchtung bewirken.

Von dieser letztgenannten Spule, der Inductionsspule aus, führen Leitungsdrähte zu Glasbirnen auf beiden Seiten, in welchen sich Kohlenfäden befinden. Nach diesem System werden die Glühlichter in Gebäuden gespeist, wobei nicht der ursprüngliche Strom in das Gebäude eingeführt wird, sondern der entsprechende inducirte Strom, wie wir ihn oben beschrieben haben und welcher in der Inductionsspule dadurch erzeugt wird, dass der directe Strom durch die Drahtspule an der Aussenseite des Gebäudes fliesst.

Der Maschinenstrom, welcher für dieses System der Glühlichtbeleuchtung verwendet wird, ist vollständig verschieden von demjenigen, welcher zur Bogenlichtbeleuchtung dient. Es ist ein sogenannter Wechselstrom. Der Wechselstrom wird dadurch erzeugt, dass man die Pole des erregenden Magnetkernes so rasch wie möglich umkehrt und dadurch bewirkt, dass der beregte elektrische Strom nach entgegengesetzten Richtungen vielmals in der Secunde pulsirt. Dieser Wechselstrom ist von grosser Stärke und ist von allen Strömen am schädlichsten für die Leitungsdrähte, er ist auch gefährlich für das Leben schon bei einer viel niedrigeren Spannung als ein Gleichstrom*).

Kaum war die elektrische Beleuchtung eingeführt, als laute Klagen von den Telephon-Gesellschaften erhoben wurden. Beinahe überall wurden die Telephonleitungen an Erde gelegt und benutzten die Erde als Rückleitung. Dieses Leitungssystem war keinenfalls so vollständig, wie ein vollkommen metallischer Stromkreis, aber es war weit billiger und functionirte ziemlich gut, nur nicht in der Nähe anderer elektrischer Systeme. Es bestand aber keines ausser dem Telegraphensystem, welches die Telephonsysteme hätte stören können, als sie zum ersten Male ausgeführt wurden. Als aber die elektrischen Beleuchtungs-Gesellschaften anfingen, ihre Leitungen in den Strassen in der Nähe und parallel zu den an Erde gelegten Telephonleitungen zu ziehen, da begannen sofort die Streitigkeiten. Wo Stromverlust in den Lichtleitungen stattfand, suchten sich die entweichenden Ströme auf dem Rückwege durch die Erde zu ihrer Stromquelle die besten Leitungswege, die sie finden konnten, denn wenn Elektricität in die Erde entladen wird, so ist ihr Rückweg zur Stromquelle durchaus nicht direct. Sie verfolgt die besten Stromleiter, die sie auffinden kann, besonders Metalle, feuchte Erde, Metalladern u. s. w., und mit besonderer Vorliebe nimmt sie ihren Weg über Gas- und Wasserröhren oder elektrische Leitungen und ähnliche, welche sie auf ihrem Wege findet. Die Telephon-Gesellschaften hatten, da sie die Erde als Rückleitung benutzten, beinahe überall ihre Leitungen an Gas- und Wasserrohren angelegt und dadurch gerade diese Art der Störungen hervorgerufen, und die Folge davon war ein vollständiges Durcheinander in ihren an die Erde angeschlossenen Leitungen. Die von den Lichtleitungen entweichenden Ströme setzten ihre Signalglocken in Thätigkeit, lösten die Telephonklappen aus, verbrannten gelegentlich

*) Anm. d. Uebers.
Es handelt sich bei allen obigen Darstellungen um amerikanische Anlagen. In Deutschland werden sehr viel unterirdische Leitungen verwendet; ausserdem werden in Städten zur Bogen- und Glühlichtbeleuchtung gewöhnlich dieselben Ströme benutzt, und zwar meist niedrig gespannte Ströme von nur einigen hundert Volt Spannung. Letztere ist aber durchaus ungefährlich, wie der Verfasser bei der Besprechung der elektrischen Bahnen selbst ausführt.

ihre Instrumente, gaben falsche Anrufe und klapperten und summten und lärmten derart in den Telephonleitungen, dass es für die Angeschlossenen eine wahre Plage war. Abgesehen von den Erdströmen zeigten sich Störungen durch Induction in den Telephonleitungen überall, wo Telephon und Lichtleitungen einander parallel liefen, und zwar in einem solchen Maasse, dass häufig die menschliche Stimme durch die Telephonleitungen nicht geleitet werden konnte.

Eine Menge von Rechtsstreitigkeiten entstanden zwischen Beleuchtungs- und Telephon-Gesellschaften. Es war kein Zweifel, dass die eine oder die andere der Gesellschaften die Störungen unschädlich machen konnte. Die Telephon-Gesellschaften hatten es in ihrer Macht, sich sowohl von den Störungen durch Induction als von denjenigen der Erdströme frei zu machen, wenn sie vollständig metallische Leitungen in Verwendung brachten; denn wenn die Rückleitung des elektrischen Stromes parallel oder sehr nahe den Zuleitungen desselben geführt wird, so wirken diese beiden Leitungen so zusammen, dass sie um sich herum ein schützendes Feld erzeugen, in welchem Inductionsstörungen von irgend welchem benachbarten Stromkreis nicht stattfinden können, und dieselbe Anordnung hindert diese Leitung selbst, störende Wirkungen auf andere Leitungen auszuüben, und da bei einer derartigen Verlegung die Telephonleitungen nirgends in Berührung mit der Erde kämen, so würden sie ebenso wie von Störungen durch Inductionen auch von solchen durch Erdstrom absolut frei sein. Diese Thatsachen werden von jedem Telephon-Sachverständigen zugegeben, und es wird auch zugestanden, dass der rein metallische Stromkreis für ein Telephonsystem die ideale Ausführung ist. Die zuerst erfundenen Telephone benutzten einen metallischen Stromkreis; alle Telephone für weite Entfernungen benutzen ebenfalls jetzt rein metallische Leitungen. Dieses System ist auch beinahe das einzige, welches in ganz Canada Verwendung findet und in vielen Städten Amerikas wird es rasch eingeführt, als das einzige Hilfsmittel gegen die Störungen, welche von benachbarten Elektricitätsleitungen herbeigeführt werden, wenn nicht gerade diese letzteren vollständig vertrieben werden können.

Aber das System, welches die Erde als Rückleitung benutzte, war für die Telephon-Gesellschaften weit billiger, und diese waren durchaus nicht geneigt, ein so ökonomisches System den Beleuchtungs-Gesellschaften abzutreten, zumal da die Beleuchtungs-Gesellschaften ebenso gut parallele Lichtleitungen verwenden und ferner ihre Leitungen in bestimmten Abständen von den Telephonleitungen führen konnten und ausserdem zuletzt gekommen waren und kein besseres Recht auf Benutzung der Strassen hatten als die Telephon-Gesellschaften. Viele Processe zwischen Telephon- und Beleuchtungs-Gesellschaften wurden durchgeführt; in vielen Fällen wurden die Beleuchtungs-Gesellschaften gezwungen, ihre Leitungen in genügende Entfernung von den Telephonleitungen zu bringen oder parallele Lichtleitungen zu verwenden, um jede Störung durch Induction zu vermeiden.

Im Ganzen wurden die Telephon-Gesellschaften durch diesen Erfolg gegen die Beleuchtungs-Gesellschaften sehr ermuthigt.

Im Jahre 1887 begann eine neue Entwicklung der Strassenbahnen, eine Entwicklung, welche bei ihrem Beginn schon merkwürdig war und auch jetzt, obgleich nicht mehr neu, doch noch überaus grossartig ist. Die erste elektrische Strassenbahn von Bedeutung in den vereinigten Staaten wurde in Richmond, Virginia, von Frank J. Sprague ausgeführt; eine Gegend, welche dem Bau mehr Schwierigkeiten bietet, ist kaum denkbar. Richmond ist eine sehr hügelige Stadt, am Ufer des James River gelegen, ähnlich wie Albany am Hudson; nur ist Richmond getheilt durch 3 oder 4 Thäler quer zur Stromrichtung, und doch fand man es für gut, elektrische Triebkraft anstatt der Pferde bei den Strassenbahnen dieser Stadt einzuführen. Als man von dem Project zum ersten Mal hörte, betrachtete man es als tollkühn bis zum Unverstand; die allgemeine Bewunderung, als es ausgeführt war, wird am besten ausgedrückt durch die Geschichte von einem alten Neger, welcher, als er zum ersten Male sah, wie der elektrisch betriebene Strassenbahnwagen eine Steigung von 10% ohne sichtbares Betriebsmittel überwand, die Hände emporhob und ausrief: „O, Gott im Himmel! Was werden die Weissen jetzt noch anfangen; als die Neger befreit wurden, sagten wir, sie würden alle verhungern, und nun leben sie nicht nur weiter ohne die Neger, sondern haben sogar dem Maulthier den Laufpass gegeben!"

Binnen drei Jahren nach diesem ersten Versuche haben die elektrischen Strassenbahnen in beinahe jeder grösseren Stadt Amerikas die Pferdebahn verdrängt, und ich glaube voraussagen zu können, dass innerhalb 10 Jahren, von heute an, ein Pferdebahnwagen ein so seltener Anblick sein wird, als das alte Spinnrad unserer Grossmütter.

Die verschiedenen Systeme elektrischer Strassenbahnen, soweit sie bis jetzt praktisch versucht wurden, sind vier an der Zahl.

Erstens der Accumulatoren-Betrieb. Der Strassenbahnwagen ist mit einem Elektromotor versehen, welcher durch Elektricität, die in dem Wagen selbst aufgespeichert ist, betrieben wird. Es wird gewissermassen Elektricität in metallische Schwämme eingepumpt, welche eine grosse Menge derselben aufzunehmen im Stande sind; dies geschieht in der Stromerzeugungsstation. Diese metallischen Schwämme werden, mit Elektricität gesättigt, in den Wagen aufgestellt und diese aufgespeicherte Elektricität sollte theoretisch den Elektromotor während einer beträchtlich langen Zeit betreiben können. Ist die Batterie erschöpft, so wird sie durch eine frische ersetzt, und für einen anderen Wagen von Neuem geladen. Die Accumulatoren-Batterie ist zweifellos, wenn einmal vervollkommnet, das Ideal der Betriebsmittel für elektrische Strassenbahnen; aber ich glaube nicht, dass es sich bis jetzt erfolgreich gezeigt hat. Versuche mit diesem System finden eben noch statt auf der Madison Avenue Linie in New-York und in Beverly, und Danvers in Massachusetts und in Washington; aber die grösste

Schwierigkeit, welche zu überwinden ist und welche noch lange nicht als überwunden zu betrachten ist, ist die rasche Zerstörung der Batterieplatten und ihr grosses Gewicht. Erstere macht die Betriebskosten zu hoch, und letzteres belastet die Wagen zu stark.

Das zweite System, welches versucht wurde, ist bekannt als das Canal-System; bei diesem sind die Leitungen, welche den elektrischen Strom dem Wagen zuführen, oberirdisch verlegt und der Strom wird dem Motor zugeführt durch einen Schlitz in der Erdoberfläche. Dieses System wurde erprobt in Denver-Boston und New-York City und anderwärts, ist aber nunmehr aufgegeben worden.

Das dritte System ist bekannt als das System mit doppelter oberirdischer Zuleitung; es ist sehr theuer, beschwerlich und unschön. Es ist, so viel ich weiss, in etwa sechs oder acht Städten zur Anwendung gekommen und wird empfohlen nur durch eine Bahnstrecke in Cincinnati, deren Besitzer auch Besitzer des Telephon-Systems ist, dessen Leitungen dort an Erde gelegt sind.

Das vierte System mit einfacher oberirdischer Stromzuführung ist das einzige, welches sich als finanzieller und commerzieller Erfolg bewiesen hat. Es wird bei neun Zehnteln der Strassenbahnen, welche Elektricität als Triebkraft verwenden, benutzt. Zwischen dem Eigenthümer dieses Systems und der amerikanischen Bell Telephon Co. schwebte ein Process mehrere Jahre lang, bei dem es sich um die bescheidene Forderung der Telephon-Gesellschaft handelte, welche die ausschliessliche Benutzung der Erde für sich beanspruchte.

Um diesen Streit zu verstehen, ist eine kurze Beschreibung des Systems mit einfacher oberirdischer Zuführung erforderlich.

Die Dampfmaschinen- und Dynamomaschinen-Anlage ist bei diesem System ähnlich demjenigen, wie sie die elektrischen Beleuchtungs-Gesellschaften verwenden. Die Spannung des Stromes ist indessen durchaus nicht hoch, der Strom ist continuirlich, und nach dem Zeugniss von Sachverständigen sowohl als nach der Erfahrung einer grossen Zahl von Angestellten, welche bereits einen elektrischen Schlag erhalten haben, ist der Strom, welcher bei Strassenbahnen zu Verwendung kommt, und von den grösseren Gesellschaften geliefert wird, durchaus nicht gefährlich für das Leben; doch davon später.

Der positive Strom wird von der Erzeugungsstation aus über die Mitte der Schienen hinweggeleitet, und zwar in einem Drahte, welcher in einer Höhe von 18 Fuss in der Luft längs des ganzen Schienenstranges gezogen ist. Die Schienen sind unter sich durch Kupferstücke fest verbunden. In vielen Fällen liegt ausserdem unter den Schienen noch ein starker Kupferdraht, mit welchem dieselben in gewissen Abständen ebenfalls verbunden sind. Die Enden der Schienen werden an der Erzeugungsstation mit dem negativen Pol der Dynamomaschine verbunden. Zweck dieser Vorrichtungen ist es, die Rückkehr des elektrischen Stromes zu erleichtern. Wir haben so auf der ganzen Länge der Strassenbahnen eine kupferne Verbindung mit dem positiven

Pol und eine metallische und Erdverbindung mit dem negativen Pol der Dynamomaschine; aber Sie wollen bemerken, dass unser Stromkreis noch nicht vollständig ist, denn an keinem Punkte ist die oberirdische, für den positiven Strom vorgesehene Leitung in Contact oder verbunden mit den Leitungen für den negativen Strom. So lange dies nicht der Fall ist, kommt auf der Linie kein elektrischer Strom zu Stande. Eben dadurch, dass der Elektromotor durch die elektrische Verbindung der positiven und negativen Leitung den Stromkreis vervollständigt, kommt der Strom zu Stande, und damit auch die Triebkraft für den Wagen.

Ein Elektromotor, wie er auf einem elektrisch betriebenen Strassenbahnwagen zur Verwendung kommt, ist nichts anderes, als eine umgekehrte Dynamomaschine. Er ist gebaut wie eine Dynamo und wie man den Motor an einem Ende des Stromkreises als Dynamo, verwenden kann, kann man die Dynamo am anderen Ende als Motor benutzen. Mit anderen Worten, dadurch, dass man die Motor-Armatur innerhalb der Feldmagnete des Motors von aussen in Drehung versetzt, so würde der Motor einen Strom erzeugen, welcher die Dynamo in der Erzeugungsstation in Bewegung setzen könnte. Der Motor ist unterhalb des Wagens angebracht und durch Zahnradgetriebe mit der Radachse verbunden, so dass, wenn er in Bewegung kommt, Achse und Räder des Wagens ebenfalls sich drehen müssen. Ein negativer Pol ist mit dem eisernen Untergestell des Wagens und dadurch mit der Radachse und den Rädern verbunden, welche letztern auf den Schienen laufen. Der positive Pol des Motors ist durch isolirte Leitungen, welche durch den Wagenkörper hindurch führen, mit einer eisernen Stange, einem Contactarm, verbunden, dessen Spitze ein Messingrad trägt. Dieser Contactarm wird durch eine Federvorrichtung aufwärts gedrückt, sodass er selbstthätig die Verbindung mit dem oben beschriebenen oberirdischen Leitungsdraht unterhält. So sehen wir auf dem Wagen das verbindende Glied zwischen positivem und negativem Pol des Stromerzeugers, und so kommt es, dass in dem Augenblicke, wo das Contactrad die oberirdische Leitung berührt, der electrische Stromkreis hergestellt ist, der Strom zu Stande kommt, der Motor sich dreht und der Wagen sich in Bewegung setzt. Sobald das Contactrad von der Zuleitung abgehoben wird, ist der Strom unterbrochen und der Wagen hält an. Berührt das Contactrad die oberirdische Leitung, so fliesst der Strom abwärts durch das Contactrad in den Contactarm und durch die Verbindungsdrähte in den Wagen, durchfliesst den Motor, zwingt seine Armatur zur Drehung, gelangt zum negativen Pol des Motors, von da aus durch die Achse und Wagenräder zu den Schienen und durch dieselben durch den Hilfsdraht und die Erde wieder zurück zu dem Generator.

Ich bitte um Verzeihung, wenn ich hier ein wenig abschweife und eine Frage beantworte, welche Ihnen zweifellos jetzt vorschwebt, eine Frage, die ich mir selbst oft vorgelegt habe, bevor ich die Antwort kannte. Sie sagen, wie ist es möglich, dass Personen, welche auf die Schienen einer elektrischen Strassenbahn treten, und zwar direct hinter einem vorübergegangenen Wagen, keinen Schlag von dem Strom erhalten, der unter ihren Füssen fliesst. Die Antwort fordert zu einer weiteren Frage auf. Wie kommt es, dass Schwalben und kleine Vögel auf die oberirdischen Zuleitungen sich niedersetzen können, ohne dass die Gegenwart des elektrischen Stromes, welcher ja durch ihre eigenen Füsse fliessen muss, ihnen Schaden bringt. Die Antwort auf beide Fragen ist dieselbe. Sowohl die genannten Personen, als der Vogel, sind auf je einer Seite des Stromes, der Strom fliesst eben nicht durch sie. Ein Mensch kann sich mit beiden Händen an die oberirdische Leitung hängen, ohne Schaden zu erleiden; ebenso gut wie er unbeschadet mit beiden Füssen auf dem Geleise stehen kann. Wäre er aber gross genug, um von dem Punkte, auf welchem seine Füsse auf der Erde stehen, nach der oberirdischen Leitung zu reichen und würde dieselbe mit den Händen berühren, so würde er mit dem Augenblick das verbindende Glied zwischen den beiden Zweigen des Stromkreises werden; der Strom würde durch ihn fliessen oder, wie man sich ausdrückt, der Stromkreis würde durch seinen Körper kurz geschlossen werden und ihn niederschlagen oder gar tödten, je nach seiner Stärke.

Die unendlich grosse Leitungsfähigkeit der Erde gestattet nicht, dass der zum Betrieb des Wagens dienende Strom bei seinem Uebergang von den Rädern zu den Schienen und auf seinem Rückweg auf die Schienen selbst beschränkt bleibt. Befreit von seiner Arbeitsleistung in dem Motor springt dieser Zauberer Ariel von dem Wagenrad aus nach der Erde, mit der Spiellust und Ausgelassenheit eines Knaben, der eben aus der Schule entlassen ist. Ist er einmal in Verbindung mit dem Boden, so hält er auch auf seinem Rückweg nach der heimischen Stromquelle nicht den geraden und nahen Weg in der künstlichen Leitung ein, so gut er auch sein mag; er sucht die feuchte Erde und metallische Adern, oder metallische Substanzen überhaupt, wie er sie auf seinem Rückweg findet, tanzt und spielt längs derselben, als freute er sich dieser vorübergehenden Erlösung von der strengen Aufsicht beim Lehrer. So kommt es, dass der Strom, frei gelassen an dem Wagenrad und zurückkehrend nach der etwa eine Meile entfernten Erzeugungsstation, sich im Zick-Zack vorwärts und rückwärts durch unterirdische Leiter hindurchwindet, die weit abseits von dem directen Wege nach dem negativen Pole liegen, und hieraus folgt wieder, dass er in benachbarte, an Erde gelegte Telephonleitungen eindringt, sich in ihnen herumtreibt und sie quält, wie die Elfen und Kobolde im Sommernachtstraum.

Die Aenderungen der Stromstärke in diesem System sowohl wie das Geräusch der Dynamo und Motoren sind erheblicher als bei elektrischen Beleuchtungsanlagen. Die Leitungen für Strassenbahnen laufen ferner häufiger den Telephonleitungen parallel, sodass die Einführung dieser Art von elektrischen Strassenbahnen eine neue Folter für die Telephonsysteme bildete, sowohl in Folge von Inductionsstörungen als starker Erdströme.

In den Strassenbahn-Gesellschaften fanden die Telephon-Gesellschaften keine so schwachen Gegner, wie seiner Zeit in den Beleuchtungs-Gesellschaften. Was die Priorität anbetrifft, waren die Vorrechte der Strassenbahn meistens älter als diejenigen der Telephon-Gesellschaften. Denn schon vor Erfindung des Telephons war den Strassenbahn-Gesellschaften das Recht zugestanden worden, jede Triebkraft, welche zur Zeit schon erfunden war oder noch erfunden werden konnte, zu benutzen, mit Ausnahme von Dampf. Mit dem Rechte des Besitzes ausgestattet, sassen die elektrischen Bahnen in den öffentlichen Strassen und benutzten die Strassen eben dazu, wofür sie von vornherein bestimmt waren. Was die Verwendung von an die Erde gelegten Leitungen anlangt, so erfreuten sich die Telephon-Gesellschaften desselben Rechts, welches auch die Strassenbahnen besassen, und, wenn man den Strassenbahn-Gesellschaften das Recht absprechen wollte, ihre Stromkreise an Erde zu legen, so müssten die Telephon-Gesellschaften erst feststellen, dass sie allein zur Benutzung der Erde berechtigt wären. Gewöhnlich ist derjenige, welcher eine ausschliessliche Berechtigung für sich verlangt, gezwungen, nicht nur die Priorität und Ausschliesslichkeit seiner Berechtigung nachzuweisen, sondern auch Quelle und Grenzen seiner Ansprüche. Die Telephon-Gesellschaften machten hierzu gar keinen Versuch. Sie begnügten sich einfach damit, zu behaupten, dass sie die Erde als Rückleitung benützt hätten, und zwar ungestört, bis die Strassenbahn-Gesellschaft nun dasselbe thäte, sodass sie durch die Verwendung der Erde Seitens ihrer Nachbarn geschädigt würden und sich gezwungen sähen, gesetzlichen Schutz zu verlangen nach dem Grundsatz sic utere tuo, ut alienum non laedas.

Die Antwort auf diesen Anspruch scheint mir klar zu sein. Die Strassenbahngesellschaften haben niemals geleugnet, dass die von ihnen verwendeten Ströme sowohl durch Induction als durch Erdleitung benachbarte Telephonleitungen stören, ebenso wie andere an Erde gelegte Stromkreise, deren gutes Functioniren von einem stationären Zustande in der Erde abhängig ist. Aber ihre Behauptung war nicht, dass jeder so angerichtete Schaden ein damnum absque injuria sei; es wurde ferner die Behauptung nicht zugegeben, dass die Verwendung der Erde als Rückleitung eine mit dem Telephon verknüpfte Erfindung sei. Im Gegentheil, es wird festgestellt, dass 40 Jahre vor Erfindung des Telephons Steinheil die Rückleitung durch die Erde erfunden hatte und dass in Amerika Morse versucht hatte, ein Patent darauf zu erlangen, was ihm aber nicht gelungen war. Von dieser Zeit ab bis zum Jahre 1879 wurde die Erde als Rückleitung von allen elektrischen Vertheilungssystemen benutzt, die es wollten. Nach diesem Recht, welches für alle gemeinsam gilt, und auf Grund keines anderen Rechtstitels wurden die Telephonsysteme mit Erdleitungen hergestellt. Da die Quellen dieser Rechtsansprüche derart sind, welcher Art sind die Grenzen ihrer Berechtigungen? Wenn die Forderungen der Telephon-Gesellschaften berechtigt sind, dass sie in keiner Weise durch andere elektrische Unternehmungen, durch deren Benutzung der Erde als Rückleitung gestört werden dürfen, so müssten die Telephon-Gesellschaften unter allen Umständen die Grenzen des Gebietes festsetzen, welches ihnen allein zugehört. Indessen sind diese Grenzen ebenso unbestimmbar wie die unbekannten unterirdischen Leiter in der Erdkruste, über die man auch nie etwas Bestimmtes wissen kann.

Abgesehen von diesen zweifelhaften Rechtstiteln war beinahe in jedem Falle den Telephon-Gesellschaften ihre Concession für Benutzung der Strassen nur unter der ausdrücklichen Bedingung ertheilt worden, dass der öffentliche Verkehr in den Strassen dadurch nicht gestört werde, das Telephon kam als Lehnsträger, in wenigen Jahren indessen beanspruchte es schon die Rechte eines Herrn der Strassen und suchte auf den Strassen das grossartigste Erzeugniss moderner Erfindung für verbesserten Schnellverkehr zurückzuhalten.

Die amerikanische Bell Telephone Company ist nicht allein eine der reichsten Monopol-Gesellschaften in Amerika, sondern hat auch beinahe stets bei allen ihren Processen Erfolg gehabt.

In wissenschaftlichen Zeitschriften, welche bei den jährlichen Zusammenkünften von Telephon-Interessenten vor mehreren Jahren verlesen wurden, wurde eingestanden, dass ein Telephonsystem, welches die Erde als Rückleitung benutzt, sehr unvollkommen ist und wenig befriedigend für die einzelnen Verwaltungen wie für ihre Clienten. Diese Abhandlungen hatten die Aufmerksamkeit der amerikanischen Bell Telephone Co. auf die Thatsache gelenkt, dass ihre ausschliesslichen Patente im Jahre 1893 erlöschen, wodurch Concurrenz zugelassen wird, und warnten sie vor der Gefahr, welche drohte, wenn sie fernerhin bei der billigen aber mangelhaften Ausführung der Telephonleitungen mit Benutzung der Erde als Rückleitung verbliebe. Die neuen Gesellschaften, welche sich nach Erlöschen der Patente bilden würden, würden dem Publikum mit ihrem Auftreten besser functionirende rein metallische Stromkreise zur Verfügung stellen; die allgemeine Verwendung metallischer Stromkreise in ganz Canada und die steigende Nachfrage nach denselben in den Vereinigten Staaten, New-Haven und anderswo kamen hinzu. Alle diese Betrachtungen wurden zweifelsohne der amerikanischen Bell Telephone Co. vorgelegt und von dieser berücksichtigt, bevor sie sich zu einem allgemeinen Angriff auf das als bestes bekannte System elektrischer Strassenbahnbetriebe entschloss, zu dem Zweck, das als schlechtestes bekannte, aber billigste Telephonsystem zu schützen. Aber die Gesellschaft entschloss sich, die Probe zu machen, und ihr Feldzug begann durch ein Urtheil, welches von einem Gerichtshof in Akron in Ohio gegen die Strassenbahn-Gesellschaft dortselbst und die Sprague Electric Railway & Motor Co. gefällt wurde und welches gestützt war durch sorgfältig ausgearbeitete eidliche Erklärungen seiner Sachverständigen über die Ursachen der Störungen, welchen die Telephon-Gesellschaften unterworfen wären, durch Erdströme und Inductionsstörungen von dem Strom der elektrischen Strassenbahn.

Meine Berufs-Collegen werden mir jedenfalls ihr volles Mitgefühl zu Theil werden lassen, wenn sie meine Gefühle beim ersten Durchlesen dieses Urtheils bedenken, als ich zur Ueberzeugung kam, dass die Pflicht, eine Antwort darauf vorzubereiten, auf meinen Schultern ruhen blieb.

Es werden nun die gefällten Entscheidungen charakterisirt, die zum Theil unklare Sprache, die Heranziehung entlegenster Analogien sowie, dass urplötzlich bei den verschiedensten Gerichtshöfen ähnliche und gleichartige Processe gegen elektrische Gesellschaften angestrengt wurden, die unschwer sämmtlich auf die Initiative der Bell Telephon Co. zurückgeführt werden konnten. — Redner fährt fort:

Wenn noch irgend ein Zweifel bestand in Bezug auf den centralen Ursprung dieser Gesetzesbestimmungen, so wurde er vertrieben durch die Identität der Gesetzes-Vorschläge und der Sachverständigengutachten, welche an allen diesen Orten herausgegeben wurden und den offenbaren Zusammenhang der verschiedenen Telephonexperten und Strassenbahn-Anwälte, welche von einer Stadt zur anderen zogen, wie eine wandernde Schauspieler-Truppe, die ein Engagement sucht. Mit der Zeit hatte ich gemerkt, dass es zu spät war, neue Anwälte rechtzeitig zu informiren, und als eine Folge davon wurde ich der Nelly Bly des Anwaltsstandes, indem ich in 17 Monaten in 17 Staaten plaidirte und die gesetzlichen Bestimmungen der verschiedenen Staaten nach und nach studirte, so dass ich schliesslich kaum noch wusste, welcher Staat und welches Gesetz zu einander gehörten.

Indem ich Sie nicht weiter mit der Aufzählung von Argumenten pro und contra hinhalten will in dem verzwickten Streite zwischen den elektrischen Strassenbahnen und dem Telephon, will ich nur als Ergebniss feststellen, dass alle Entscheidungen zu Gunsten der Strassenbahnen ausfielen, mit Ausnahme einer in Cincinnati, und die ist angefochten worden.

Ich möchte den Gegenstand nicht verlassen, ohne die Anführung einer Meinungsäusserung, welche von dem Kanzler Gibson von Knoxville bekannt geworden ist, als er den Antrag der Telephon Co. um einstweilige Verfügung zurückwies. Ich kann die Entscheidung zwar nicht besonders als ein Muster von juristischer Aeusserung empfehlen, aber als ein Muster kräftiger westamerikanischer Sprache hat er wenig Nebenbuhler:

„Man muss bedenken, dass die Telephon Co. nicht ein besonderes „Recht auf die Wege oder einen Streifen oder ein Stück Grund und „Boden oder irgend besondere Strassen oder Gänge innerhalb des „Weichbildes von Knoxville für ihre Erdleitungen beansprucht, sondern „sie beansprucht die ganze Erdoberfläche und alles, was unter der

„Erdoberfläche innerhalb der körperlichen Grenzen ist, als ihr ausschliessliches Eigenthum für alle Zwecke einer Erdleitung."

„Nun, wenn zu der Zeit, wo die gewünschte Verordnung erlassen „würde, irgend jemand das begrenzte Privileg, ‚Pfähle zu errichten', „so auslegen würde, dass dem Telephon ein Recht zusteht, den gesammten Grund und Boden, auf dem die Stadt steht, zu benutzen, „sowohl den privaten, als auch den öffentlichen, als ein Vortheil, der „angewendet werden kann, um ohne Drähte den elektrischen Stromkreis zu vervollständigen, so würde er ohne Zweifel als ein eigensinniger Sprachverdreher angesehen werden, aber wenn er noch dazu „beansprucht hätte, dass dieses magere Privileg, ‚Pfähle zu errichten', „nicht allein dem Telephon ein Recht geben soll, allen Grund und „Boden, öffentlichen sowie privaten, innerhalb der körperlichen Grenzen „wie seinen eigenen zu benutzen, sondern noch das Recht ihn zu verwenden, mit Ausschluss aller anderen gesetzlichen Gesellschaften, von „jetzt bis zum Ende der Welt, würde er als ein böswilliger Uebertreiber, wenn nicht als ein absichtlicher Fälscher angesehen werden, „und das ist doch ganz genau das, was die Telephon-Gesellschaft in „ihrem Gesetzesvorschlage beansprucht."

„Ich bin unfähig, das simple Privileg, „Pfähle zu errichten", so „auszulegen, dass es das Recht gewähren soll, zur ausschliesslichen „Benutzung jedes Zolls von Grund und Boden innerhalb der städtischen „Grenzen für alle Zwecke einer Erdleitung für die Elektricität. Solch „ein Zugeständniss kann keinesfalls in der Absicht von Bürgermeister „und Stadtältesten gelegen haben und ich bin unfähig, dieses ausschliessliche Recht und diese monopolisirende Macht in fünf so harmlosen Worten wie „das Privilegium, Pfähle zu errichten," zu finden. „Die Telephon-Gesellschaft begnügt sich jedoch nicht einmal mit der „wörtlichen Beanspruchung des ausschliesslichen Rechts auf die ganze „Erde, auf welcher Knoxville gebaut ist, für ihre Rückleitungsströme, „sondern sie beansprucht noch ein Monopol der ganzen Luft und besteht darauf, dass keine andere Elektricitäts-Gesellschaft ihre Drähte „in der nächsten Nähe der Telephon-Drähte spannen darf, und so wird „das simple Privileg, „Pfähle zu errichten," an der Seite der Strassen „von Knoxville in einen Anspruch vergrössert, auf das ausschliessliche „Recht auf die gesammte Erde und die gesammte Luft innerhalb „der räumlichen Grenzen von Knoxville für alle elektrische Zwecke „mit Ausnahme der Telegraphie."

„Es wird vielleicht angeführt, dass die Bestimmung besagt, „dass das Privileg, Pfähle zu errichten, ausschliesslich auf Telephon-„Zwecke beschränkt sein soll. So ist es. Aber wollen denn diese „Worte, welche eher Worte der Begrenzung als der Ausdehnung sind, „dahin verstanden sein, dass damit der Telephon-Gesellschaft das „ausschliessliche Recht gewährt sein soll, jeden Zoll von Knoxville's „Boden und den ganzen Luftraum über Knoxville wie ihr Privateigenthum zu elektrischen Zwecken zu benutzen? Und doch wird dies

„begehrt; diese einzige bescheidene Telephon-Gesellschaft, welcher das „simple Privileg, an Ecken und Biegungen Pfähle zu errichten ge- „geben war, rückt nun heraus und beansprucht mit Hilfe dieser beiden „Zauberworte das Recht, dass die elektrischen Lichtgesellschaften, die „elektrischen Strassenbahngesellschaften und alle anderen elektrischen „Gesellschaften für jetzt und alle Zukunft ihre Drähte ausser Berüh- „rung mit irgend einem Theil des Bodens, auf welchem die Stadt steht, „halten sollen, oder aber dafür entsprechend bezahlen, mit einem „Worte, sie beansprucht ein ewiges Monopol für die Benutzung der „Erde, auf welcher die Stadt gebaut ist, für alle Zwecke elektrischer „Leitungen, und ebenso beansprucht sie das ausschliessliche Recht „auch der Benutzung der Luft für elektrische Zwecke."

„Gewöhnlich besteht die Macht einer Person in ihrer Kraft; die „Macht der Telephon Co. scheint aber von ihrer Schwäche hergeleitet „zu sein; sie sagt, dass ihr elektrischer Strom so schwach sei, dass „alle starken Ströme seine Nützlichkeit stark beeinträchtigen und „schädigen, und dass als eine Folge davon keine Gesellschaft, welche „einen starken Strom braucht, gesetzlich berechtigt ist, die Erde ohne „Erlaubniss der Telephon Co. als Rückleitung zu benutzen. Wenn „diese Auslegung correct ist, dann kann keine elektrische Gesellschaft „je den Grund und Boden von Knoxville ohne die Zustimmung der „Telephon Co. benutzen, ganz gleichgültig, was für grosse Entdeckungen „und Erfindungen in Bezug auf die Verwendung der Elektricität noch „gemacht werden. Kohle, Holz, Gas, Dampf und Wasserkraft können „alle übertrumpft werden durch elektrische Einrichtungen; es können „Maschinen erfunden werden, um unsere Häuser zu heizen und zu be- „leuchten, um für uns zu kochen, um unsere Fahrzeuge und Maschinen „zu betreiben und alle oder ein grosser Theil der hierzu erforderlichen „Elektricität kann durch die Erde geführt werden oder durch die „Luft, und doch müssen Knoxville und seine sämmtlichen Bewohner „auf alle diese wundervollen Wohlthaten verzichten, und zwar für „ewige Zeiten, wenn sie entweder unter der Erde oder in der Luft in „irgend einer Weise die schwachen Ströme der Telephon Co. schädigen „oder lähmen könnten, wenn nicht die Telephon Co. ihre Einwilligung „dazu giebt oder verkauft. Wohl möchte man ausrufen in der Sprache „des Cassius, als er von Caesar's früherer Schwäche und seiner jetzigen „Stärke spricht: ‚Du mein Gott, das überrascht mich; ein Ding von „so schwacher Constitution soll so schnell die Triebfeder für eine mäch- „tige Welt werden und die Palme allein tragen.'"

„Einer der Anwälte der Telephon-Gesellschaft bemerkte, als der Kanzler schloss, dass er sich fühlte, als ob der Richter auf ihn mit allen fünf Läufen eines Revolvers geschossen hätte, ihn vorn und hinten durchbohrt, ihn drei Treppen hinunter auf die Strasse geworfen und als ob er noch auf seinem todten Körper liege, mit seinem Bowie- messer sich die Zähne stocherte und seine Gründe für die Tödtung auseinandersetzte."

Der grosse Telephonstreit ist keineswegs die einzige Streitfrage, welche durch die Benutzung der Strassen von Seiten der elektrischen Eisenbahnen entstanden ist. Kaum waren ihre Pfähle, Drähte und Ströme erschienen, so wurden sie durch allerlei andere Angreifer und auf vielen Punkten angegriffen.

In Ohio, Rhode Island, Indiana, New-York und anderwärts wurden Verfahren eingeleitet in einigen Fällen, welche die Frage des Rechtes der Eisenbahnen erörterten, Pfähle zu errichten und Leitungen in den Strassen zu ziehen, indem behauptet wurde, dass sie dieselben einer neuen Last unterwürfen, und andererseits, indem man sie zu unterdrücken suchte als schädlich und gefährlich für Leben und Eigenthum. Als nun die Behauptung aufgestellt wurde, dass die Leitungspfähle und Drähte eine weitere Last für die Strassen seien, machten die Gerichtshöfe von Ohio, Rhode Island und andere alsbald einen Unterschied zwischen diesen beiden; sie bezeichneten die Strassenbahnpfähle und Drähte als Hilfsmittel einer neuen verbesserten Methode, um auf der Strasse vorwärts zu kommen; sie seien daher nicht eine neue Last, sondern hielten sich streng in dem Rahmen des Anwendungsgebietes, für welches die Strassen ursprünglich bestimmt waren. Diese Entscheidungen haben alle ein gleichmässiges Gepräge.

Der Kampf gegen die Errichtung der elektrischen Strassenbahnpfähle gab Veranlassung zu einer unterhaltenden Episode, die ich nicht unterlassen kann zu erzählen:

Gewisse New-Yorker Patricier widersetzten sich der Einführung der plebejischen Strassenbahn.

Sie erblickten in der Freigabe der öffentlichen Wege für oberirdische Stromzuführungen elektrischer Bahnen als Adjacenten eine Belästigung, für welche sie mindestens eine Entschädigung erwarten zu dürfen glaubten. Nicht zufrieden mit dem Rath ortsangesessener rechtskundiger Personen wandten sie sich an einen der ersten Rechtsanwälte in New-York, einen durch seine Veröffentlichungen rühmlichst bekannt gewordenen Gelehrten. Das eingeholte Gutachten lautete sehr zu ihren Gunsten. Es fehlte in demselben nicht an Citaten aus den Werken namhafter Autoritäten, auch war unter Anderem darin gesagt.

> „In der Ausgabe meines Werkes vom . . ., welche sich jetzt im Druck befindet, äussere ich mich über den Fall wie folgt und die meine Ansicht theilenden Fachgenossen sagen so und so."

Die Kläger waren mit dem Gutachten sehr zufrieden und nicht im Zweifel, dass der Rechtsspruch zu ihren Gunsten ausfallen würde. Zu ihrem Erstaunen entschied aber der Gerichtshof entgegengesetzt.

Was die Behauptung anbetrifft, der für den Bahnbetrieb angewendete elektrische Strom wäre lebensgefährlich, so hat sich bei allen Untersuchungen das Gegentheil ergeben. Die Gerichte konnten in den anhängig gemachten Streitsachen bei dem überwältigenden Zeugenmaterial dieses nur bestätigen. Alle vorgeladenen Sachverständigen erklärten, dass die beim Bahnbetriebe übliche Spannung von 450 bis 500 Volt für den menschlichen Organismus nicht tödlich sei, und viele Bahnangestellte konnten beschwören, dass sie in kurzen Intervallen wiederholt den vollen hochgespannten Strom auszuhalten gehabt hätten, ohne nachtheilige Folgen davon erlitten zu haben. Entgegen den Behauptungen in manchen Zeitungsberichten erkläre ich pflichtmässig, dass beim elektrischen Bahnbetriebe in Amerika auch nicht ein Mensch durch den elektrischen Strom getödtet worden ist.

Mit gleicher Einmüthigkeit sprechen sich die Gerichte dahin aus, dass der elektrische Strom des Bahnbetriebes ungefährlich für das Eigenthum sei. Die elektrischen Leitungen liegen in ihrer ganzen Länge nahe der Strassenmitte, berühren nirgends die angrenzenden Besitzungen und sind gegen ihre eigenen Stützen und Pfähle isolirt. Es ist aber nicht zu bestreiten, dass wenn andere blanke, mit der Erde in Verbindung stehende Drähte auf die Bahnleitung fallen oder sonst mit derselben in Berührung kommen, der Strom abgeleitet werden und dann Nachtheile herbeiführen kann. Jeder Anwalt, der eine Versicherungs-Gesellschaft zu vertreten hat, ist bei dieser Frage sehr interessirt. Am gefährlichsten erweisen sich die blanken Telephonleitungen, bei denen die Erde die Rückleitung bildet. Da der Fernsprechbetrieb einen so schwachen Strom erfordert, so haben die Unternehmer auf die Isolirung wenig Rücksicht genommen und brennbare Stoffe in den Gebäuden nicht vermieden. Man hat nicht daran gedacht, dass diese Sprachstromleitungen mit geschlossenen Starkstromleitungen in Berührung kommen können, wo dann der Starkstrom in die Schwachstromleitung abgelenkt werden und in seinem Bestreben, die Erde zu erreichen, diejenigen Gegenstände beschädigen kann, an denen die Schwachstromleitung befestigt ist.

Wenn wir bedenken, dass die Fernsprechdrähte über die Bahnleitungen oder über Lichtdrähte kreuz und quer hinweggehen, so ist der Grad der Möglichkeit einer Sachbeschädigung erwähnter Art leicht zu ermessen. Die blanken Fernsprechleitungen haben Erdverbindung. Es brauchen nur bei einem Sturm die Fernsprechleitungen zu zerreissen, so ist die Berührung mit den Starkstromleitungen da. Eine isolirende Hülle der Licht- oder Bahndrähte, selbst wenn sie ohne Beeinträchtigung ihres Zweckes zulässig sein sollte, würde hier nicht schützen; denn der vom Winde hin und her geworfene gerissene Draht scheuert die Hülle durch und der Starkstrom der geschlossenen Leitung tritt in den unschuldigen Fernsprechdraht, in das Haus, wo der Fernsprecher steht, und richtet ev. dort Verwüstungen an. Deshalb sollten alle Fernsprechdrähte an sicherer Stelle mit Schutzvorrichtungen (Bleisicherungen) versehen sein. Das sind in die Leitung eingeschaltete schwache Stellen, nämlich beim Eintritt eines Starkstromes sofort schmelzende Drahtstücke, welche die Unterbrechung der Leitung bedingen und den Eintritt des Starkstromes in das Gebäude verhindern. So die theoretische Annahme. Thatsächlich hat aber ein Theil des Stromes den Draht schon passirt, bevor dieser zum Schmelzen kommt und eine vollkommene Sicherheit wird nur erreicht, wenn die Fernsprechleitungen innerhalb der Gebäude und die Fernsprecher selbst gewissenhaft isolirt werden.

Jetzt sind die Fernsprechleitungen für Rückleitung durch die Erde eingerichtet und den Erdschluss sucht man durch die nächst belegenen, bequem zu erreichenden Leiter (Gas- oder Wasserleitungsröhren) zu erreichen. Darin liegt im Vergleich mit allen anderen elektrischen Anlagen ein ungeheures Mass von Sorglosigkeit.

Es ist schon erwähnt, dass, so auffällig es erscheinen mag, Unfälle bei elektrischen Bahnen ungleich seltener sind als bei Pferdebahnen.

Ein mit Pferden bespannter Tramwagen nimmt einen weit grösseren Theil des Geleises in Anspruch als ein elektrischer Motorwagen. Der Wagenführer kann das Geleis bezw. den Strassenverkehr weit besser beobachten, wenn er keine Pferde vor dem Wagen hat. Durch Ausschalten des Stromes und Anziehen der Bremse ist der elektrische Wagen ungleich schneller zum Halten zu bringen als der Pferdebahnwagen, und mancher Unfall ist noch zu verhüten, der beim Pferdebetriebe unvermeidlich sein würde. Es ist statistisch nachgewiesen, dass Unfälle dieser Art beim elektrischen Betrieb weniger vorkommen, als bei jeder anderen Art des Bahnbetriebs.

Die beste Garantie für die allgemeine Einführung der elektrischen Kraft ist unter Anderem ihre Vertheilungsfähigkeit. Bei Dampf oder irgend einer anderen Kraft erfordert die Vertheilung und Uebertragung ein System von Wellen, Rohren, Kuppelungen u. s. w., und dabei kann keine dieser Kräfte auf eine nennenswerthe Entfernung von ihrer Erzeugungsstelle aus fortgeleitet werden.

Bei einer elektrischen Kraftstation dagegen kann durch einen dünnen Draht in beliebiger Qualität und Quantität die Kraft dahin geleitet werden, wo sie zu einer Arbeitsverrichtung gebraucht wird.

Die Nutzanwendung der elektrischen Kraft wird noch eine weit allgemeinere werden als zur Zeit. Jeder Tag bringt eine neue Art der Verwerthung, und die Herrschaft des Dampfes wird über kurz oder lang der Herrschaft der Elektricität weichen müssen.

So weit der Amerikaner.

Der Gesetzgeber und Richter steht vor einer neuen schweren Aufgabe. Eine bis vor kurzem nur nach einer Richtung nutzbar gemachte Naturkraft scheint dazu bestimmt, eine Umwälzung in unserem wirthschaftlichen Leben herbeizuführen. Stören wir nicht ihre gesunde Entwicklung, engen wir nicht den Schaffensdrang unserer Erfinder und Techniker ein in der falschen Voraussetzung, dass die Telegraphie und das Fernsprechwesen, als die am weitesten verbreiteten Anwendungen der Elektricität, eines besonderen Schutzes bedürften, weil neue Erfindungen auf dem Gebiete der Elektrotechnik gemacht worden sind, welche den ersteren gefährlich werden konnten. Es wäre zu bedauern, wenn aus dem Umstande, dass Telegraphie oder Fernsprechwesen staatliche Betriebe eines Landes sind oder werden, die neuen Anwendungsarten der Elektricität nach bureaukratischen Gesichtspunkten beurtheilt und als den fiskalischen Einrichtungen nicht nützlich unterdrückt werden sollten. Wir stehen in Deutschland vor einer solchen Gefahr. Den Schwachstromanlagen soll ein staatliches Vorrecht gesichert werden. Hüten wir uns aber, an dem bestehenden Rechtszustande jetzt zu ändern. Es könnte uns bitter gereuen, wenn wir bei der Entwicklung, welche die Elektrotechnik in anderen Ländern nehmen wird, sehen müssten, wie wir uns durch eine einseitige gesetzliche Regelung die Hände gebunden haben und andere Länder die Früchte der Gedanken unserer Gelehrten und Erfinder ernten. Es wäre nicht das erste Mal, wo uns dergleichen passirt und wir aussprechen müssen: „Herr, schütze mich vor meinen Freunden!“

Buchdruckerei von Gustav Schade (Otto Francke) in Berlin N.

FSC
www.fsc.org
MIX
Papier | Fördert
gute Waldnutzung
FSC® C083411

Kolibri 360 GmbH
Ferdinand-Jühlke-Straße 7
99095 Erfurt, Deutschland
produktsicherheit@kolibri360.de